Enzi ya Utakaso,
enzi maalum baada ya nyakati:
Mungu ndani mwetu na sisi ndani ya Mungu

Neno la milele,
Mungu mmoja, Roho huru,
ananena kupitia Gabriele,
kama vile pia alivyonena kupitia
manabii wote wa Mungu:
Abrahamu, Musa, Isaya, Yobu, Elia
na Yesu wa Nazareti,
Kristo wa Mungu

KITABU CHA MAFUNDISHO

Enzi ya Utakaso, enzi maalum baada ya nyakati: Mungu ndani mwetu na sisi ndani ya Mungu

Gabriele

KITABU CHA MAFUNDISHO
Enzi ya Utakaso,
enzi maalum baada ya nyakati:
Mungu ndani mwetu
na sisi ndani ya Mungu

First Edition in Swahili: March 2023
1ère édition en Swahili: Mars 2023

Translated from the original German title:
Traduit de l'allemand, titre original:

DAS LEHRBUCH:
Das Lilienzeitalter,
die hohe Zeit nach der Zeit:
Gott in uns und wir in Gott

The German edition is the work of reference
for all questions regarding the meaning of the contents
Pour toute question se rapportant au sens,
l'édition allemande fait autorité

All Rights Reserved / Tous droits réservés
All decorative letters / Toutes les lettrines
© Gabriele-Verlag Das Wort GmbH

Order No. / N° de comm.: S187TBSWPOD
ISBN: 978-3-96446-403-3

Yaliyomo

Siku itafika...

Kabla ya ulimwengu huu kutoweka, siku itakuja ambapo ufalme wa Amani utajengwa duniani, Ufalme wa mioyo adilifu na huru, mioyo iliyofunguliwa toka ubinafsi wao, muungano wa waaminifu wa kweli, waaminifu wa Roho wa wema.

Watu hao hawatajumuika kamwe katika hekalu na kwenye paji la uso la kila mmoja, pataonekana alama moja. Hata kama mmoja wao tu ndiye amebaki, hakuna kitakachomshinda. Nguvu ya upendo itashinda daima.

Katika upendo Wake usio na mwisho, Mungu anakusanya jumuia ya waumini jasiri duniani kote, na anatia muhuri Agano lake nao.

Hakuna moyo utakaopinga, ukijaa furaha, utajitoa kwa Yule ambaye, sasa ndiye mfalme, atakayetawala Yerusalemu Mpya.

Taifa limefufuka na kuongozwa Naye,
Yeye ambaye heshima zote na shukrani isiyo na mwisho ni vyake.
Kile ambacho watu wa Mungu hao wanatimiza,
kulingana na mapenzi ya Mungu kimeandikwa,
imeandikwa tangu zamani na huo ni mpango wa Mungu.

(Nakala ya Carl Hilty, 1833, na Uzima wa Ulimwenguni pote)

Njia katika Enzi ya Utakaso Mungu ndani mwetu na sisi ndani ya Mungu

Enzi ya Utakaso ni mwanzo wa Enzi Mpya, Enzi ya ujenzi wa Yerusalemu Mpya chini ya alama ya upendo na upendo wa jirani katika Mungu, Uwepo Baba-Mama, Sheria ya ulimwenguni pote ya upendo. Upendo wa Mungu na wa jirani ni Sheria ya msingi na ya milele ya Mbinguni, iliyo mahali pote.

Mungu ni upendo. Upendo wa Mungu ndiyo nguvu yenye uwezo mkuu iliyopo, ni nguvu ya ulimwenguni pote katika kile kisicho na mwisho.

Mungu, upendo, Sheria ya ulimwenguni pote ya upendo hutenda na kutiririka katika jua zote, katika sayari zote, katika kila kiumbe.

Bila shaka, Ulimwengu unaoundwa na maada pia ni sehemu yake, na hata pia sayari Dunia.

Kila kitu kilicho juu na chini duniani kina Uhai ndani mwake, pumzi ya Mungu, upendo, Amri ya Asiye na mwisho.

Mwanzo wa Enzi ya Utakaso tayari Unaonyesha njia inayoongoza kwenye uzima wa milele. Tunaweza kutoa maelezo kuhusu njia hiyo kwa maneno machache haya:

Mungu ndani mwetu na sisi ndani ya Mungu.

Enzi ya Utakaso, mwanzo wa Enzi Mpya, ina jina la kimasiya la Mtawala pamoja na Baba wa Ufalme wa Milele, Mwana wa Mungu aliyechukua mwili katika Yesu wa Nazareti hapo zamani; Enzi hiyo inakumbusha maelekezo Yake kuhusu Ufalme wa amani wa Kristo wa Mungu. Kristo wa Mungu aliyechukua mwili kama Yesu wa Nazareti alisema zamani maneno yafuatayo:

«Yule aliye na wajibu wa kuwasaidia, Roho Mtakatifu ambaye Baba atamtuma kwa jina Langu, atawafundisha yote na kuwakumbusha yote Niliyowafundisha. (...)

Atakapokuja, Yeye, Roho wa kweli, atawaongoza katika ukweli wote; kwani hatanena kwa niaba yake mwenyewe, bali yote atakayoyasikia atayanena, na mambo yajayo atawaambia.»

Hekima ndani ya Mungu, ndani ya Kristo wa Mungu, ilikuja baina ya wanadamu ili kuwafundisha maana ya «Mungu ndani mwetu na sisi ndani ya Mungu».

Tunaingia taratibu sana katika Enzi Mpya. Kwa hiyo, tuchunge akilini alama ya utakaso. Ua la yungiyungi, utakaso wa Uzima, unaandamana nasi hatua kwa hatua katika njia yetu ya kwenda kwenye Amri asilia na ya milele ya upendo wa Mungu na wa jirani.

Upendo wa Mungu ni nguvu ya ulimwenguni pote, upendo wa jirani.

Upendo wa Mungu ni Uzima ndani ya nafsi ya wote walio na nafsi. Uzima, Mungu, yumo ndani ya kila seli ya mwili wetu, katika kila mshipa wa damu, katika chembe zote zinazounda mwili wetu.

Nafsi ya mwanadamu na chembe zote za mwili zimo ndani ya neno «Uzima», hayo yanamaanisha kuwa kila kitu kina dhamiri, dhamiri ambayo mwishowe inalingana na kiwango cha ukomavu wa nafsi na wa binadamu.

Kila kitu ni nguvu, kila kitu kina dhamiri

Kila kitu kinategemea nguvu. Kwa kuwa kila kitu ni nguvu, kila kitu pia kina kiwango chake cha ukomavu na dhamiri timamu.

Haidhuru majina tunavyovipa viumbe vya kidunia, kila kitu kina dhamiri ya msingi ambapo ngazi inayofuata ya dhamiri inakua. Mchakato huo wa maendeleo au wa usitawi wa dhamiri unaitwa pia «mageuzi», «ukuaji», au tena «upevu».

Kama ilivyosemwa hapo awali, yote ni nguvu na yote hutegemea kanuni ya «kutoa na kupokea». Nguvu ina maumbo, rangi, harufu na sauti. Nguvu haiwezi kuharibiwa, ila inaweza tu kubadilishwa. Hata hivyo, yote yaliyopo yanapenywa na mtiririko wa Sheria asilia na ya milele ambayo ni upendo wa Mungu usio na kikomo.

Kuona kwamba kila kitu kinategemea nguvu na kwamba nguvu nayo ina dhamiri tofauti, tunaweza kusema kwamba viwango tofauti vya dhamiri huwasiliana kila mara na viwango vyenye kufanana navyo na tena kuwasiliana na viwango vya nguvu ambavyo tayari vimeendelea.

Kila kiwango cha dhamiri hutoa na kupokea, lakini ndani ya kila kitu mna kiini cha dhamiri ya Uzima ambacho chenyewe tu ndicho kinawasiliana na Uzima ulio ulimwenguni pote, Sheria ya ulimwenguni pote, Mungu aliye Upendo.

Popote tulipo au tunapoenda, hata tunapotumia gari letu au njia nyingine yoyote ya usafiriashaji, mwili wetu unabaki daima ukishikamana na Dunia.

Kila kitu kina dhamiri. Tutazame juu au chini, kulia au kushoto, kila kitu kina dhamiri, kwa sababu kila kitu kina ndani mwake Uzima wa ulimwengu kote, Sheria ya ulimwenguni kote na ya milele, ya Uzima, Mungu.

Tukifahamu hayo, tunaelewa pia kwamba hakuna kitu kilichokufa, kwa sababu dhamiri ni Uzima na mawasiliano.

Kama ilivyosemwa hivi punde, hakuna kilichokufa. Kile tunachokiita kitu kisichoweza kutumiwa, au hata kilichokufa, kina ndani mwake sehemu ya mawasiliano na kwa hiyo kinafikia mabadiliko. Dutu itokanayo na mabadiliko hayo inabakia Uzima unaotenda kazi, lakini kwa hali nyingine na dhamiri inayolingana nao.

Watu wanaupa uzima na tendo la kuishi maana tofauti. Ni mara haba ndiyo tunafikiria maana ya uzima. Kitu chochote kilichooza, kitu chochote kisichotumika tena na ambacho tumetupa - chochote kile - kina dhamiri ambayo yanahifadhi mabadiliko ndani mwake.

Vitu vine ambavyo ni moto, maji, ardhi na hewa pia vina dhamiri.

Kila kitu ni nguvu. Chakula chetu, vinywaji vyetu, nguo zetu, vifaa vya nyumbani kwetu na vitu vingine tena pia vina dhamiri. Viwango tofauti vya dhamiri hutofautiana kabisa vimoja na vingine, lakini kila kitu kinategemea nguvu. Mwanadamu pia ni mwili wenye nguvu. Kila kazi ya mwili wetu, viungo vyote, tezi zote, homoni, mifupa, misuli, mishipa ya damu, na kadhalika, vina dhamiri tofauti na vinategemeana.

Ni vema tuirudilie, kila mwili ni mwili wenye nguvu ya masafa tofauti, yaani mitetemo tofauti, na kila masafa ina dhamiri.

Kila mwanadamu ana dhamiri ya kipekee, dhamiri yake mwenyewe, ambayo inahitaji chakula, hata dawa ya kipekee, lakini kila kitu kinategemea nguvu, na dhamiri ya kila mmoja.

Kila mmoja wetu hujenga mwenyewe, siku baada ya siku, utu wake – ni wajibu wetu kujirekebisha

Kuhusu taaluma na matamanio yetu binafsi inadhaniwa kuwa: «Tulizaliwa ulimwenguni na taaluma na matamanio hayo, pengine tuliyaridhi toka wazazi, toka babu au nyanya aidha toka mababu zetu wa kale.»

Hayo yanawezekana. Hakika, watu wa ukoo wetu waliishi duniani kabla yetu na kuna uwezekano mkubwa kwamba walitoa uridhi wa mifumo yao ya tabia kwa wazaliwa wao na, hao nao, kwa vizazi vilivyofuata, na kadhalika. Lakini hata tuwe na uridhi upi wa kibaiologia kutoka kwa mababu zetu – tunalo jukumu la kubadili hali hiyo.

Mababu zetu tayari waliishi maisha yao, sisi nasi sasa tunaishi maisha yetu.

Hata kama tunaamini tendo la kuzaliwa upya katika mwili mpya na tunajiswali ni mtu yupi kati ya mababu zetu tuliyeridhi tabia yake, leo ni wajibu wetu kuamua kile tunachokifanya na maisha yetu, bila kujali tabia tunazofikiri kuwa tumezirithi.

Neno «uzima» linaweza kutupa funguo, kwa sababu leo na sasa, ni jukumu letu kuchukua kila jambo chini ya uthibiti. Kila mmoja wetu ameombwa kushika usukani wa maisha, bila kujali mwenendo wa wengine.

Bila kujali uridhi wa tabia tulioupata kutoka mababu zetu wala tena tabia tuliyozaliwa nayo nafsini mwetu au tena kujali chanzo cha jambo hili au lile – ni wajibu wetu sisi wenyewe kurekebisha mambo, kwa sababu tunaishi duniani humu kwa sasa.

Kwa hiyo kila mtu anawajibika kwa maisha aliyoishi na anayoishi. Kuwa na dhamiri ya hayo ni jambo muhimu linaloweza kutusaidia kutatua mambo fulani ya zamani na kutolea maisha yetu ya baadaye mwelekeo unaoambatana na maisha ya sasa tunayoiita «uzima wetu».

Funguo ya maisha hayo tunaweza kuzipata ndani ya hisia, hisi na mawazo tuliyo nayo hadi sasa, na tena ndani ya mwenendo wetu kwetu sisi wenyewe na majirani zetu, na pia kwa wanyama na mazingira.

Hadi muda ambapo tutakapotambua kuwa kila kitu kina nguvu, tunapaswa kuchukua mara kwa mara fursa ya kutafakari kuhusu kauli hii: «Kila kitu kinategemea nguvu.»

Kama ilivyoelezwa tayari, mwanadamu, mwili wenye maada, ni mwili wenye nguvu, kwa hiyo mwanadamu ni nguvu.

Kila mmoja wetu anajenga mwenyewe utu wake, siku baada ya siku. Hayo yana maana kwamba kila siku, kupitia mwenendo wetu, tunajenga mwili wetu kwa kuuongezea nguvu, au kwa kuupunguzia kiwango cha nguvu, na hayo tu kutokana na namna yetu ya kuishi inayojionyesha katika mienendo yetu.

Hebu tuyarudiliye tena:

Kupitia namna zetu za kuenenda, yaani kupitia namna yetu ya kuishi inayojumuisha hisia, hisi, mawazo, maneno na matendo yetu, sisi wenyewe tunaamua kila siku kuwa katika hali chanya au hali hasi, yaani kuchagua kuongezeka au kupunguka kwa nguvu zetu.

Kwa hiyo ni wajibu wa kila mmoja wetu kuchukua maamzi.

Hakika watu wengi husema: «Sisi tunaendelea kuzeeka kila siku, na isitoshe, malisho yetu yanachangia kwa jambo hilo». Ni kweli, hata hivyo, tusisahau kwamba kila kitu kinategemea nguvu.

Tunaamua wenyewe tule chakula kipi na kwa kiasi kipi. Na tunazeeka mwaka baada ya mwaka, huo ni ukweli, hata hivyo swali lakujiswali ni: «Je, ninakuwa mzee au umri wangu unasonga mbele?» Mara nyingine tena, ni sisi tunaochagua hilo. Kwa kuchanganua mambo kwa usahihi zaidi, swali hilo linaweza kuulizwa kama ifuatavyo: Je, tunazeeka zaidi baada ya miaka au miongo au tu umri wetu unaongezeka?

Ninachopenda kueleza – mimi Gabriele – kwa maelezo haya ni kwamba kila mtu aamue mwenyewe kupitia mwenendo wake unaoundwa na vitu vitano vya uzima, yaani vitu vinavyounda nafsi ya binadamu ambavyo ni hisia, hisi, mawazo, maneno na matendo. Kwa hiyo ni kila mtu ndiye anaamua maisha yake mwenyewe, bali si mtu mwingine.

Hilo ndilo lengo la shule hii ya maisha inayomlenga kila mtu binafsi, kwa kuelekeza maisha yake katika Enzi Mpya, katika Enzi ya Utakaso.

Njia iongozayo kwenye uzima wa kiroho, uzima halisi, inaongoza kwenye siku nzuri zijazo.

Yesu wa Nazareti alifundisha kwamba Mungu ni Mmoja aliye ulimwenguni kote na wa milele, Baba wa upendo ambaye Roho wake yumo nafsini mwetu, kwa hiyo Mungu yu ndani mwetu.

Mungu, Sheria ya Milele, Uzima, Roho wa ukweli, yumo ndani ya kila mtu mwenye nafsi na ndani ya kila nafsi. Roho Aliye popote ni Uzima wa yule Asiye na mwisho, Yeye ni upendo na uaminifu kwa wana na binti zake wote.

Mazingira, ambayo pia hubeba ndani mwake Uzima wa Asiye na kikomo, inaweza kutufundisha mengi, kwa mfano tukizingatia mzunguko wa misimu, mchakato unaoendelea toka ukuaji hadi kutoweka, na tena kurudi kwenye msimu wa machipuko unaofuata.

Katika Enzi ya Utakaso, mwanzo wa Enzi Mpya, tunapanga ratiba ya mchana wetu

Marafiki wapendwa, siku yetu haianzi tu baada ya kifungua kinywa. Tayari tunapoamka, siku inaweza kutukumbusha mambo fulani ya usiku na tuamkapo, tunaanza kufikiri.

Wazo la kwanza tulilo nalo asubuhi ni wazo la kibinafsi kwa kila mmoja, wazo linalotoka kwenye programu zetu. Hapa pia, mfano unaochukuliwa kutoka kwenye mazingira unaweza kutusaidia: Ni asubuhi ndipo maua mapya ya aina nyingi za mimea huchanua.

Kupitia tabia au mwenendo wake, kila mmoja wetu anapangilia jumla ya mambo ya ulimwengu wake binafsi, programu za maisha yake. Huo ndio utu wake wa ndani unaotokana na vitu vitano vinavyounda nafsi yake ya kibinadamu ambavyo ni hisia, hisi, mawazo, maneno na matendo yake.

Kama ilivyosemwa tayari, tuna wajibu wa kurekebisha mambo, bali sio wengine. Hatupaswi kuwa na mazoea ya kulaumu wengine – kimawazo au kimaneno – kuhusu mienendo yetu.

Kila mmoja wetu amejaliwa kuwa na akili ya kawaida ambayo huturuhusu kutumia utambuzi, bila kujali kitu ambacho wengine wangependelea tukiamini au kujali jinsi tulivyoadibishwa.

Ni wajibu wetu wa kuchukua usukani wa maisha yetu, siyo kulingana na kile kilichotokea zamani, lakini kulingana na utu wetu wa leo na kile tunachofanya na utu wetu.

Lakini turudilie mawazo yetu ambayo mara tu tunapoamka huwa na ujumbe wa kututolea. Mawazo yetu ya kwanza yanaweza tayari kushawishi hisia zetu na mfumo wetu wa neva. Hayo yanatosha kwa sisi kujikuta mara moja katika hali ambapo programu zetu zinaanza kutenda kazi. Ndiyo sababu, tangu mwanzo wa mchana, tuna wajibu wa kuchukua mwelekeo mzuri.

Tunachukua uamzi gani? Kwa kweli, hali yetu ya asubuhi inaupa mwelekeo mwendo wa siku yetu.

Ni jukumu letu la kuamua kile tunachotaka kufanya na mchana wetu bila kujali aina ya mawazo tuliyo nayo.

Katika Enzi ya Utakaso, mwanzo wa Enzi Mpya, tunaunda mpangilio wa mchana wetu asubuhi. Tunatathmini kwa upande mmoja jinsi tunavyojihisi, kwa upande mwingine tunatathmini ratiba ya mambo ya mchana wetu. Kutathmini kunamaanisha kufikiria kwa ubainifu kuhusu jambo tunaloshughulikia.

Kwa kufanya hivyo, tunajichunguza wenyewe, tunachunguza mawazo yetu yote.

Kwa mara nyingine tena, mwanzo wa siku tayari unatupa taarifa nyingi. Muda wa kutumia kifungua kinywa, kwa mfano, tunaweza kujifunza na kujitolea tahadhari: «Tafadhali uwe makini, tumia muda wako wote, usifanye mambo haraka haraka kama hapo awali!» Kwa hiyo tunajitahidi kula, kunywa na kufikiri kwa uangalifu zaidi. Inamaanisha kwamba tunaanza kubadilisha mtazamo wetu wa mafadhaiko. Baadhi ya watu hufikiri, «Nina haraka, sina muda wa kula, wala muda wa kutafuna na kunywa kwa uangalifu.» Hata iwe je, ni wakati mtu anapopata uzoefu yeye mwenyewe ndipo anafikia kujielewa mwenyewe.

Ukijaribu kuanza mchana kwa kuosha mwili wako asubuhi ukitulia na kula kifungua kinywa chako kwa uangalifu na kwa utulivu, kinyume chake, utaona haraka kwamba huhitaji tena muda mwingi zaidi kuliko jinsi inavyoitajika. Utakuwa au kubaki mtulivu, na siku itaanza kwa hali tofauti kabisa.

Enzi ya Utakaso inaanzisha Enzi Mpya. Maombi halisi inamaanisha kuishi kwa uangalifu.

Ikiwa bado tuna wakati, tunafungua dirisha kwa muda mfupi na kuangalia anga. Ikiwa tuna muda mchache tu, kwa sababu maisha yetu ya kila siku yanakabiliwa na shughuli nyingi, basi, tukiwa barabarani au tunapoenda mahali palipo gari letu, tuinue macho yetu kwa muda mfupi na tutazame anga. Zoezi hilo halizai matunda mara moja, lakini tuvumilie!

Baada ya muda, tutatambua kwamba kila siku ina mawazo yake, lakini kwa ghafla na bila kutarajia, mawazo ambayo hayakuwa ya kawaida kwetu hapo awali yatajitokeza ndani mwetu. Je, fikra hizo zinatutolea ujumbe upi?

Ujumbe ni huu: Kila siku ni siku yako na siku yako inazungumza nawe. Siku yako huanza tayari mapema asubuhi, na wazo la kwanza.

Ni ishara kwamba muda fulani, wewe mwenyewe ulirekodi ujumbe huo ambao siku inakuletea, iwe ufahamuni au nafsini mwako. Hicho ndicho chanzo cha ujumbe unaotolewa ili kuufanyia kazi leo. Kwa sisi tunaotamani Enzi Mpya, hayo yanamaanisha kwamba inatupasa kuishi tukitumia dhamiri.

Kadiri tunavyofikiria kwa uchanganuzi kuhusu maelekezo tuliyotolewa mchana, ndivyo tunagundua haraka kuwa tunageuka watulivu sana na kwamba tuna uwezo wa kufikiri na kufanya kazi kwa ubainifu sana. Bila shaka, kazi hiyo ya kiroho haimaanishi kwamba hatufanyi kazi yetu ya kila siku na kwamba hatuheshimu maelekezo ya mkuu wetu wa kazi. Tunafanya kazi tuliyopaswa kufanya kwa dhamiri sana na kwa makini yote. Tunakubali hali zote bila kujaribu kujieleza, kwani mambo yapo jinsi yalivyo.

Hali zote za maisha yetu ya kila siku yana manufaa na madhara yake, walakini, ni nani awezaye kubadili jambo fulani kwenye hali hiyo? Kwa kuwa ni sisi tulio na wajibu wa kushughulikia mambo.

Siku ni ya kila mtu kwa upekee. Ndiyo maana tuna wajibu wa kushughulikia mambo.

Tukiwa na dhamiri kwamba kila hali inalazimisha uwajibikaji wetu, tutaanza basi sana kujiadhari na kujichanganua kwa lengo la kurekebisha fikra zetu na kubaini uzito wa mazungumzo ya moyoni mwetu. Kwa hiyo tutatambua jambo linalotufanya tupoteze nguvu.

Mwanzo wa Enzi ya Utakaso, kujiweka huru toka sisi wenyewe kwa kuingia katika Enzi Mpya: Mungu ndani mwetu na sisi ndani ya Mungu.

Tuko mwanzo wa nyakati ya machafuko makubwa. Nyakati Mpya imeanza na ingependelea kutueleweshä ni nini Enzi ya Utakaso.

Enzi ya Utakaso ina mafundisho ya Kristo wa Mungu aliyechukua mwili kama Yesu wa Nazareti: Mungu yumo ndani mwako na wewe yumo ndani mwa Mungu, kwani ndani ya kila kitu mna Neno la Asiye na mwisho.

Neno la Asiye na mwisho ni Neno la Roho muumba katika mazingira yote, Neno la uumbaji, tunaloliita Mungu, linanena katika kile kisicho na mwisho. Atmosfia yetu tunayoita kila mara mbingu, inaweza pia kuitwa ukumbi wa Asiye na Mwisho ambamo jumla ya mimea, wanyama walio juu ya uso wa dunia, kila jiwe na madini yote yana nafasi yao duniani.

Nguvu nne za msingi za Mungu za marekebisho, mapenzi ya Mungu, hekima na unyofu – zinazoitwa duniani maada nne ya msingi, yaani moto, maji, ardhi na hewa – zinaimarisha aina zote za viumbe.

Ufalme wa milele, Uwepo wa milele, ni makao ya milele ya viumbe vyote vitokanavyo na Roho na aina zote za viumbe.

Kile kisicho na kikomo, Uzima, ni mawasiliano.

Mageuzi, yaani, mawasiliano ya aina za viumbe vinavyoendelea, inaanza katika mazingira nne ya maendeleo, inayoitwa pia chanzo cha uumbaji wa Uzima, jambo ambalo limesimuliwa tayari katika ufunuo wa kimungu unaoturuhusu kuelewa mambo mengi.

Marafiki wapendwa, tendo la kubadili namna yetu ya kufikiri ili ilingane na Uzima halisi lina lengo la kutuweka upya tena watu wa Mungu, kama vile jinsi Mungu wa kweli alivyotufundisha, katika Amri Kumi zake alizozitoa kupitia Musa, na Mwanawe, Kristo wa Mungu, katika Mafundisho yake ya Mlimani.

Uzima ni Uzima wa ulimwenguni kote, ambao ni uzuri na usafi. Ua la yungiyungi kwetu sisi ni alama. Tunajifunza – ili kurudilia uzima wetu halisi na wa milele.

Tunaanza kujifunza kupitia matukio ya mchana.

Ni mwanzo wa Enzi ya Utakaso, ya usafi, maelewano na ya uhuru. Hayo yana maana kujiweka huru kutoka kwetu sisi wenyewe ili kuingia katika Enzi Mpya, Enzi ya Kimasihi na ya hekima: «Mungu ndani yetu na sisi ndani Mwake.»

Hayo yana maana kwa kila mtu binafsi: Mungu yu ndani mwangu nami niko ndani Mwake.

Chini ya ishara ya Utakaso, ya Enzi Mpya, tunajiweka huru polepole kutoka utu wetu sisi wenyewe, maongezi yetu ya ndani, kutoka siri zetu zisizo nzuri sana.

Tukiendelea kudumisha mazungumzo ya moyoni mwetu bila kuyadhibiti, baadaye yataingia kwenye ufahamu wetu na kisha kurekodiwa nafsini mwetu kama programu. Hivyo ndivyo tunavyounda programu ndani mwetu sisi wenyewe.

Dhamiri ndogo inaweza kuwa hifadhi muhimu ya mambo inayojidhihirisha mara kwa mara mchana, hata pia usiku, kabla ya mambo inayotuonyesha irekodiwe kwenye chembe za nafsi zetu na sisi kulazimika siku moja kuyarekebisha na tena kupatwa na madhara yao. Hali zetu za kiutu zina sura nyingi ambazo, katika hali nyingi, zinataka kutuonyesha kitu fulani cha kushughulikia kwa kukirekebisha, kwa mfano muda ambapo huzuni, kiburi au tena mambo mazito zaidi yanatushambulia.

Mara nyingi tunatafuta msaada. Chini ya ishara ya Utakaso, ya uhuru na usafi, tunageukia upande wa Mungu ndani mwetu, kwa sababu sisi ni hekalu la Mungu na Mungu wa kweli yumo ndani mwetu, kwa hiyo «Mungu ndani mwetu na sisi ndani Mwake.»

Kuna uwezekano mwingi wa kwenda faraghani kidogo ili kuomba ndani mwetu, kumwomba Mungu ndani mwetu. Mchana kuna muda muafaka kwa sala, kwa mfano wakati wa mapumziko kazini au, tukiwa bado na muda, baada ya chakula cha mchana, au njiani muda wa kurudi nyumbani. Hatimaye tunatambua kwamba maombi ni Uzima, na kwamba Uzima halisi unatutia huru.

Kuomba pia ni kuwa makini kwa Uzima halisi ambao tunaweza kuuona kila mahali, iwe angani au ndani ya tone la mvua linaloshuka dirishani, kwa mfano tunapoingia kwenye gari letu. Ikiwa tunatazama anga au kutazama matone ya mvua yakishuka kwenye glasi, vitu vingi, ndiyo kila kitu kingependa kuwasiliana nasi, kwa sababu Uzima upo kila mahali.

Tusisahau kamwe kwamba Mungu wa kweli ndiye Roho wa Uzima aliye kila mahali.

Asiye na kikomo ni «*Mimi Ndimi Uzima wa Asiye na mwisho*», na sisi ni wanae, wavulana na mabinti Zake. Tungepaswa kuwa tena kile ambacho kiko katika kiini cha nafsi yetu, yaani kiumbe cha kiroho cha Uzima.

Ndiyo maana kauli mbiu ni: Tujikomboe kutoka sisi wenyewe.

Ua la yungiyungi ni alama. Inataka kutukumbusha utu wetu halisi, usafi na uzuri, uzima wa ulimwenguni kote tulio nao ndani kabisa ya nafsi yetu.

Tumezungukwa na Mungu,
ambaye ni Uzima wa Asiye na mwisho.
Uzima halisi ni maombi

Kuomba kuna maana kuishi kwa kutekeleza Sheria za Uzima.

Uzima ni umoja wa ulimwenguni kote unaojidhihirisha kupitia mbingu, kupitia mazingira, kupitia kila jiwe, kila ua, kila mti, kila kichaka, kila mnyama. Ni Neno la Asiye na mwisho.

Kila muonzi wa jua, unaotuvutia, unaweza kuwa na ujumbe kwa ajili yetu. Upepo unaovuma kwenye nywele zetu au kupapasa uso wetu unaweza kuwa na ujumbe kwa ajili yetu.

Hebu tukumbuke maneno haya:
Mungu ndani mwetu na sisi ndani ya Mungu.
Mungu wa kweli ni Asiye na mwisho.
Ni Uzima Baba-Mama.

Uzima wa Milele ulijipa umbo ili wanawe wote wa kiume na wa kike waweze kumwona

Yeye, Kiumbe cha Awali cha Uzima, kinachofanya kazi nao katika umoja wa ulimwenguni kote wa Ufalme wa milele.

Kama vile Wamilele alivyo miongoni mwa wanawe kama kiumbe cha kiroho kilichodhihirishwa, wao pia wanajua kwamba nafsi yao iliumbwa kwa mfano wa Uzima Baba-Mama na, wakati huo huo, kwamba wao ni warithi wa Asiye na mwisho.

Kiumbe chote kina dhamiri na kina kiwango chake cha dhamiri husika, na ambacho, katika Muumba, Mungu Baba-Mama, ni mageuzi, inayoambatana na maendeleo.

Tunaelewa siku zote kwa kina sana maana halisi ya sala: Kurudilia tena utu safi, utu wetu halisi ulio ndani ya kiini cha nafsi yetu.

Hilo ndilo jukumu letu, linatuongoza kwenye Uzima halisi, kwenye uhusiano wa utoto na Mungu, kwenye Uzima Baba-Mama.

Hiyo ndiyo sababu kila dakika ya maisha yetu duniani ni ya thamani.

Uzima wa Asiye na mwisho hupiga ndani kabisa ya nafsi ya watu wote wenye nafsi. Uzima una hali tofauti kiasi kwamba haiwezekani kwetu kuelewa Uzima wa Asiye na kikomo kwa undani wake wote. Walakini, mara tu tunapoanza kuishi kwa kweli, tunapata uzoefu na kuelewa mambo zaidi na zaidi kwa sababu, kama ilivyoelezewa hapo awali:

Uzima halisi ni maombi,
Mungu yumo ndani mwako na wewe
umo ndani ya Mungu.

Mungu wa kweli na wa milele ni Uzima wa Asiye na mwisho. Uzima huendelea na mageuzi yake kupitia mfululizo wa viwango vya dhamiri, kupitia mikondo isiyopimika, kwenye nyakati zisizoweza kukadiriwa.

Kila mtu aliye na nafsi ana kiwango chake cha dhamiri - kiwango cha nafsi yake - ambacho anaweza kukuza, kwani popote alipo au anapoenda, amezungukwa na Uzima halisi na, amezungukwa na Mungu wa kweli, Mungu Mmoja wa ulimwenguni kote.

Iwe kwa miguu au kwa gari tunapoenda mahali petu pa kazi, hata tunapofanya kazi yetu kama mke au mama, – tumezungukwa na Mungu ambaye ni Uzima wa Asiye na mwisho.

Watu wengine hujiswali: «Mungu ni nani? Ni nani au ni nini Uzima wa Asiye na mwisho?»

Haijalishi neno tunalolifahamu, «Mungu» au «Uzima wa Asiye na mwisho», daima tunataja tu mkondo ule ule wa ulimwenguni pote wenye nguvu, Sheria inayotiririka milele, Mungu, tusiyemuona na japo anatuzunguka na kutujaza. Ni Sheria ya upendo, ya Uzima wa milele ambaye sisi ni wavulana na mabinti zake, hata tukukubali ukweli huo au la.

Kila mmoja wetu ana kiwango chake cha dhamiri cha muda kitambo, kwani kila mmoja ameitia dosari nafsi yake – wamoja kwa kiwango cha juu, wengine kwa kiwango cha chini. Ndiyo maana ni wajibu wa kila mmoja kuchukua usukani wa maisha yake mwenyewe.

Mchana, ni kitabu cha ajabu kinachotuwezesha kuwa na dhamiri safi

Kiwango chetu cha dhamiri kinatuongoza kulingana na kiwango chetu cha ukomavu wa kiroho na kinatufanya tuwe waangalifu kwa jambo kamili ambalo, leo na sasa, lina ujumbe kwa ajili yetu.

Ni nani anayetufanya tuwe makini kwenye kiwango chetu cha dhamiri?

Sheria, ambaye ni Mungu, Uzima unaotiririka pote ndani ya kile kisicho na mwisho, kupitia kila chembe, kila kiini, kupitia jua na sayari zote. Mungu ni Uzima, «*Mimi ni Sheria ya awali ya milele, milele na milele*» ambayo – kama tayari ilivyosemwa – inatiririka katika kile kisicho na mwisho chote.

Hakuna kabisa kitu kilichokufa. Hakuna kitu kilichokufa, kila kitu kimepewa dhamiri, yaani Uzima – hata pia kitu kisicho na maana na ambacho kwa macho yetu kinaonekana kuwa hakina maana na hakiwezi kutumika tena. Hata tuwe na mtazamo upi kuhusu hayo, kila kitu, kila kitu kabisa, hupitia mchakato wa mabadiliko, hata kile tunachokiita kuwa kimekufa au hata kisichoweza kutumika tena.

Kwa hiyo, kwa kila mmoja wetu, mchana unaweza kuwa kitabu cha ajabu kinachosaidia kurudilia dhamiri safi na kitabu cha mafundisho yenye thamani kubwa.

Kama ilivyoelezwa tayari, leo ni leo, lakini asubuhi, mwanzo wa mchana, tayari huandaa ujumbe kwa yule anayeamka. Ni lazima kila mtu kuwajibika kikamilifu. Kila mmoja wetu aliwahi kurekodi ujumbe anaopokea sasa mwanzo wa mchana na hata pia siku nzima.

Asubuhi na mchana vinapenda kutujulisha – kwa sababu ni ujumbe wetu – kile tunachopaswa kutambua, kile tunachopaswa kurekebisha na ambacho mara nyingi kinashikilia mawazo yetu na kuizuia.

Haidhuru mambo ambayo mchana unatufunulia, mambo haya yanaweza kutuweka wafungwa; hayo yanatukia iwapo mambo hayo yanaendelea kuturudilia akilini kwa sababu yanapenda kutolewa suluhisho. Tukiyatambua, tungepaswa, ikiwezekana, kuchukua dakika chache kuchanganua ujumbe ambao mambo hayo yanatutolea.

Tukizipa uzito hali hizo ambazo hatimaye zinatuhusu moja kwa moja, basi tutahisi msukosuko fulani ndani mwetu kwani mfumo wetu wa neva unafanya kazi ya kutafuta mambo ambayo yanaturuhusu kufahamu kile tunachopaswa kufanya.

Tukifanya jambo ambalo tumeombwa kufanya, kwa kadiri ya uwezo wetu, basi haraka tutajihisi watulivu na wepesi.

Mara nyingi sana, ni jirani yetu anayetukasirisha. Kuna hali nyingi zinazotutia hamaki, ila ambazo, muda huo huo, zina ujumbe kwa ajili yetu. Kitu Hiki na kile, au hata jirani yetu, haviafikiani na hali yetu ya sasa.

Mara nyingi jambo ndogo linatosha kwa kutukasirisha. Kwa mfano: Kitu fulani kinapatikana kwa muda mahali isiyo nafasi yake ya kawaida. Tukiwa wenye kufa moyo na wenye hasira, tunakiweka huku tukifikiri: «Ni nani aliyekiweka pale na akasahau kukipanga vema?» Tunaendelea kufikiria, «Kwa nini leo tu?» Ni nani huyo? Kwa nini hakukipanga vema? Angeweza kufanya hivyo toka muda mrefu uliopita; je, ni mimi ninayepaswa kukipanga vema, « na kadhalika».

Ni vema kusitisha maswali hayo! Ila tujiswali tu: Je, kuweka kitu hicho nafasi pake kulinikera kwa namna moja au nyingine? Au kufanya hivyo kumenisaidia katika njia kuelekea Enzi Mpya?

Mara moja, nakumbuka kwamba cha muhimu ni kuachana na ubinadamu wangu. Tuseme tena kwamba, upande mmoja, kupanga vema kitu ambacho mtu mwingine aliterekeza mahali pabaya kumenisaidia katika kujitenga na ubinadamu, upande mwingine, nimejifunza kwamba si vema kujali mwenendo wa watu wengine. Nilirejesha tu kitu hicho mahali pake kwani hakikustahili kuwa hapo, hayo yanatosha.

Mfano mwingine mzuri sana ni huu:

Ninapotembea kwenye bustani, ghafla, nikijikwa kwenye jiwe ndogo.

Nitatazama chini na nitaona nini? Katika moja ya matuta ya maua, ua limechanua linanipendeza kutokana na rangi zake nzuri, kama vile lina ujumbe wa kunitolea. Lina ujumbe: Hebu! simama, zingatia Uzima wa Asiye na Ukomo na jitoe kwa Uzima.

Ua, kama pia mimea mingine, kama vile nyasi, vichaka, miti ndogo na mengine mengi, hutukumbusha utakaso, dalili la usafi na mwanzo wa Enzi Mpya.

Au tena: Bila ya wewe kutarajia, neno au sentensi inajidokeza ndani mwako na inazusha ndani mwako uhuru fulani na hisia ya furaha.

Hakuna kinachotokea kwa bahati, kama vile pia mambo yote yanayotukia maishani mwetu hayafiki kwa bahati. Kila kitu kinaweza kututolea ujumbe fulani.

Muongozo unaotufurahisha pia unaweza kuwa msukumo kutoka kwa maumbile, ambao unatuambia kwa mfano: Jinusuru na utu wako, na matakwa na matendo, maoni na pia matarajio, isipokuwa tu ukiwa na uwezo wa kutoa msaada fulani, hayo yakiwa muhimu.

Mchana unatoa fursa nyingi za kujitambua mwenyewe, na kutuwezesha kujirekebisha ili tujikomboe na utu wetu. Hasa, jioni inaweza kuwa chanzo cha mapumziko, kwani tulitambua na kutatua mambo fulani.

Hizo ndizo hatua za kwanza zinazoongoza kwenye maombi ya kweli. Mungu wa kweli na wa milele, ambaye ni Uzima katika yote, hana haja ya sala zenye mashuruti na zinazotamkwa kwa midomo tu. Yeye, upendo wa ulimwenguni kote, angependa tuanze kuishi tena kwa mujibu wa urithi wetu wa mbinguni, tuanze kumpenda tena, hayo yana maanisha kwamba: Mungu ndani mwetu, Mungu ndani ya yote, kwa maana Mungu ni Uzima.

Mungu wa kweli na wa milele ni Mungu anayezungumza, Uzima wa Asiye na mwisho.

Kwa kila mmoja wetu, kuanza kubadilisha namna yetu ya kufikiri kunamaanisha:

Penda Uzima ulio mahali pote na sitisha mazungumzo ya moyoni mwako na wewe mwenyewe. Hayo yana maana: Kujiweka huru kutoka kwako mwenyewe.

Miongoni mwa mambo ya kususia, mna suala la «mazungumzo ya moyoni», maana yake ni gani?

Upande mmoja, ni tendo la kuzungumza na wewe mwenyewe, upande mwingine ina maana kujiundia picha yako wewe mwenyewe au kujiundia picha ya watu wengine na kuirudilia mara na mara katika fikra kiasi kwamba sisi wenyewe tunakuwa wahusika katika picha hiyo na kujigeuza, ikiwezekana, wahusika wakuu.

Hayo yanaweza kwenda mbali sana hadi kufikia kuamini kuwa wewe ndiye mtu huyo. Kinachofuata ni kushusha thamani ya jirani yetu, tendo la kujidhani mwenye kujua yote kuliko wengine, na ikiwa hatutaacha pa wakati machafuko hayo yote ya ubinafsi wetu, nguvu nyingine zitaanza kutushawishi na kutuongoza.

Mara nyingine tena, wajibu wetu kwa kufikia ubinadamu unaoishi katika dhamiri ya uwepo wa Mungu ni kujikomboa kutoka utu wetu.

Ninaita tena jambo hilo kuwa na moyo safi na ulio tayari kukabili nyakati za mchana, kwa sababu dakika moja inaweza kutufanya tufahamu mambo mengi na kuwasiliana na mambo mengi.

Hii pia ndiyo sababu ya kauli mbiu hii: Tumia kwa manufaa mchana wako, jinufaishe na muda kitambo huu!

Ni muda tu ambapo tunajikomboa toka sisi wenyewe ndipo tunaweza kuelewa Uzima, Uzima wa Asiye na Mwisho, kwani Neno la Mungu ni Uzima wa Asiye na Mwisho.

Uzima halisi ni uzima wa milele

Uzima ni nini?

Kwa kweli, kuna Uzima mmoja tu, hata kama kila mtu anazungumzia uzima wake.

Kwa kujikosoa na kujitathmini, mtu angepaswa kujiswali: Je, uzima «wangu» ni nini na unadumu kwa muda gani?

Bila kutafakari, baadhi ya watu miongoni mwetu hujibu upesi: «Ni tangu kuzaliwa hadi kufa». Ndiyo, huo ni ukweli iwapo unahesabu tu miaka.

Tunapozungumzia «miaka kutoka hadi», wengi tayari wanaanza kufikiria. Je, maisha inadumu miongo tu, miaka, saa, dakika au muda kitambo?

Hatuwezi kutabiri muda wa uzima wetu duniani, wala kuukadiria. Tunaweza tu kujiswali, mwisho wa kila mchana: Je, tumetumia vema mchana wetu, je, tulikuwa na mtazamo upi kuhusu Uzima?

Hakika tumeishi mchana wetu vema ama vibaya? Je, fikra zetu zilijihusisha sana tu na sisi wenyewe, kupitia mazungumzo yetu sisi wenyewe akilini au katika kurudilia mambo yaliyopita?

Maswali hayo tunayojiswali yanaweza pia kuhusiana na siku za mbeleni. Kila jioni tunaweza kujiswali:

«Je, Nimeishi vema kwa kweli? Ni mara ngapi nilijishughulikia tu mwenyewe na hayo yana matokeo gani kwa nguvu yangu ya uzima?»

Marafiki wapendwa, kwa namna hiyo, tunajifunza hatua kwa hatua kujielewa!

Tunaelewa kwamba tulikuwa wapi katika fikra zetu muda tulipoongoza gari kwenda kazini au muda tulipokuwa tukitembea katika njia yetu ya kawaida?

Tunatambua mti mkubwa ulio kando ya barabara au kijiti kinachoanza kuchanua, kwa kawaida kila msimu uleule wa mwaka.

Tunajua ni mmea upi unaochanua, msimu upi bustanini mwetu au tunajua pia wakati gani ua au mmea fulani unahitaji maji; tunajua jina la ua tuliloweka dirishani kwetu na ambalo linachanua tena leo, na kadhalika.

Wakati mvua inaponyesha, tunaona matone ya maji inayogonga kioo cha madirisha, na mambo mengine mengi tena.

Ndiyo, tunaishi!

Hata hivyo, hebu tujiulize: Je, huo kweli ndio uzima wetu au ni muda tu wa maandalizi ya Uzima halisi? Tujiswali tena: Je, sayari hii si nafasi tu ya mapito kwetu sisi au tunaridhika kuwa wanadamu?

Natumaini tutakuwa wengi kufikiria jambo hilo.

Turudilie tena maswali machache kabla ya kuzungumzia mafundisho ya Uzima:

Kwa nini kuna aina nyingi za maua, maua makubwa kama vile madogo? Kwa nini kuna aina nyingi za vichaka, za vijiti na miti tofauti?

Ukitazama majani yao au ukilinganisha maua ya mti au kijiti kimoja, utatambua kwamba hayafanani limoja na lingine.

Na ikiwa tunachukua muda wa kulinganisha mawe mawili ya mwamba mmoja, tutaona kwamba hayafanani, hata vile pia michoro ya «mishipa» yao hayafanani, nk.

Hata kama gome la mti linafanana na la mti mwingine wa aina hiyo hiyo, muundo wao ni tofauti.

Tunaweza kuendelea kujiswali bila kufikia mwisho.

Kama wanadamu, hatuwezi kuelewa na kufahamu kikamilifu miundo tofauti ya Uzima – hata hivyo, Mungu anayezungumza yumo ndani ya kila aina ya kiumbe.

Uzima unasimlia nasi kutoka chanzo cha uwepo wote:

«Mimi ndiye Uzima, Sheria ya Ulimwengu ya Asiye na mwisho na Mimi ndiye Yule Asiye na mwisho.

Mwanangu, kubali kuelekezwa na yaliyo bora zaidi, kubali kuongozwa na Mimi, Mimi Niliye, kwani wewe ni Uzima ulio pote kutoka Kwangu, Mimi Niliye – Mimi ni Uzima!»

Marafiki wapendwa, tunafanya mazoezi, tunajifunza, kwa sababu njia inayoongoza kwenye Enzi Mpya – njia inayotangaza umilele – iko mbele yetu.

Uzima wa milele halisi ungependa kujidhihirisha ndani mwetu, ndani sana ya nafsi yetu. Popote tuendapo, popote tulipo, mambo yote husababishwa na mawasiliano.

Yesu wa Nazareti alitufundisha kwamba sisi ni hekalu la Mungu na kwamba Mungu, Uzima halisi, anakaa ndani mwetu.

Dhihirisho la kuwepo kwa msingi kwake kila mahali huinuka kutoka ndani sana ya nafsi yetu, kiini cha kati cha nafsi, na kuipa Uzima nafsi na mwili. Vivyo hivyo, ulimwengu wote umejaa Uzima halisi na wa milele. Mungu anayezungumza ni Uzima ulio pote.

Uzima halisi ni uzima wa milele ambao umefunuliwa katika *«Mimi Ndiye Niliye, Sheria, milele»*.

«Mimi Ndiye Niliye» ni Sheria asilia ya milele, iliyo milele na milele. Inatiririka kutoka patakatifu pa Uzima wa milele na kutenda katika Kile kisicho na mwisho.

Kama ilivyosemwa: Ni Uzima wa milele. Unatiririka pia ndani sana ya nafsi yetu na unajidokeza ndani ya kila sehemu ya Uzima wetu.

Kile kilicho ndani ya nafsi yetu, kiini cha kati, kinawasiliana na Yule asiye na mwisho, na *«Mimi Ndiye Niliye, Sheria ya Asiye na mwisho, Uzima»*.

Uzima unatiririka mwilini mwetu na ungependa kututaarifu kwamba ndani kabisa ya nafsi yetu, sisi ni viumbe vya milele, Uzima kutoka Uzima, kiini cha Ufalme wa Mungu.

Hebu tufute hali mbovu za utu wetu, ili turudilie utu wetu halisi: Roho kutoka kwa Roho Wake

Kila mmoja wetu ana wajibu wa kubadili namna yake ya kufikiri.

Tuliziba kwa matope ya ubinafsi wetu njia za seli zetu, za uwezo wa mwili wetu, na za sehemu zote zinazounda mwili – baadhi ya watu miongoni mwetu wamefanya hivyo zaidi kuliko wengine.

Ndiyo sababu hatuwezi tena kabisa kuhisi Uzima, Mungu ndani mwetu, Mungu Baba-Mama, yaani Uzima.

Yesu wa Nazareti alisema maneno kama na haya: «*Wewe ni hekalu la Mungu na Mungu anakaa ndani mwako.*»

Tunataka kutimiza maneno hayo ndani mwetu, tukianza kuondoa nafsini vifusi vya utu wetu, ili kumpata tena «Mungu ndani mwetu», upendo Wake ulio mahali pote, ni uzima wa milele. Kama vile Uzima, Mimi Niliye, Sheria ya milele, inatiririka ndani ya Asiye na mwisho, Hivyo pia inajaza viumbe vya mazingira na uhai – yote ni mawasiliano.

Kila jiwe, kila aina ya mmea, kila mnyama yuko katika mawasiliano na *«Mimi Ndiye Niliye, Sheria, milele na milele»*.

Na ni vipi kwetu sisi wanadamu?

Tusisahau kwamba kuwasiliana kunamaanisha kutoa na kupokea.

Tutaendelea kusisitiza kwamba:

Mtoaji mkuu wa Ulimwenguni pote mwenye uwezo yumo ndani mwetu na anaupa mwili wetu nguvu inayouwezesha kuishi.

Ni sisi ndiyo tunaoamua ni kwa kiwango kipi tuko tayari kupokea kile ambacho Uzima unatoa.

Je, tunaendelea kuifunika siku baada ya siku na ubinafsi wetu wenye sura na mambo yasiyoweza kukadiriwa, au tunajitahidi kuusafisha kwa kutoa hatua kwa hatua «rundo la vifusi» vyake kwenye utu wetu, yaani kwa kuvifanyia kazi na kuvirekebisha, ili kuweza kupokea Mtoaji wa Ulimwenguni pote, Aliye Uzima?

Ni kwetu sisi kuamua.

Uzima wa msingi wa milele upo kila wakati, ni uwepo. Tunapokea kulingana na kiwango chetu cha dhamiri. Kila mtu aliye na nafsi hupokea, kwa sababu kila nafsi ina mtambo wa mpokezi ndani mwake.

Kama ilivyosemwa: Asiye na mwisho hutoa, kwani kila kitu kinaishi na kutoa. Tunatambua hayo kulingana na kiwango chetu cha dhamiri.

Roho wa Milele, Mungu, hutiririka ndani kabisa ya kila kitu. Uzima wote unapokea kulingana na kiwango chake cha dhamiri na kile ambacho uzima unatoa kinalingana na kiwango chake cha sasa cha dhamiri.

Enzi Mpya inakuja kukutana na wale walio na mapenzi mema.

Ndiyo maana kauli mbiu ni: Tunajifunza kupata maskani yetu ya milele ndani mwetu,

Uwepo wa milele ndani sana ya nafsi yetu, kwa kuthibitisha utu wetu ndani ya Mungu.

Sheria ya Milele inatiririka kupitia Kile kisicho na mwisho. Ni neno Lake, milele na milele.

Viumbe vya kimungu vinaishi na kuwasiliana katika dhamiri hiyo. Vimo ndani ya mkondo wa mawasiliano wa ulimwengu pote, wa viumbe kutoka kwa Roho Wake, viumbe vya kiroho.

Njia yetu inaturudisha huko na kutuongoza kwenye Neno ambalo ni mawasiliano ya ulimwengu pote: *«Mimi Ndiye Niliye, Sheria ya milele na milele.»*

Hebu turudilie: Utu wetu halisi ni Roho kutoka kwa Roho Wake, Neno, Mimi Niliye, ambaye ni mawasiliano.

Tunajifunza maana ya tendo kuwasiliana: Kwanza tunajaribu kupokea, baadaye tunajifunza kutoa.

Sisi wanadamu, tunatoa kila mara uwepo wetu. Hata hivyo, kiwango chetu cha utoaji wa kibinadamu mara nyingi kinashiria swali hili:

Ni jibu gani tunalotarajia, yaani jibu tunalotaka kupokea?

Enzi Mpya ina mpangilio maalum.

Tunaanza na viumbe vya mazingira, kwanza mimea. Baadaye tutaendelea na wanyama na hatimaye tutafikia kwenye kiwango cha juu, na nuru ya sayari.

Kinachotajwa hapa kwa kifupi tu si mchezo.

Kwa hiyo turudilie tena kauli hii: Ndani sana ya nafsi yetu, sisi ni viumbe vya kiroho.

Maneno haya, «kiumbe cha kiroho», yanapenda kutuelewesha kwamba sisi ni Roho kutoka kwa Roho Wake, viumbe kutoka kwa Roho Wake.

Damu, kioo chetu.

Kiwango cha juu cha uharibifu kilichofikiwa na binadamu

Wakati mtu anapofikiria kwamba katika Uzima wa milele kila kitu kipo katika mawasiliano na vyote, basi mtu anaelewa hatua kwa hatua jinsi ulimwengu wa leo umekuwa wa kusikitisha. Wanadamu wanategemea teknolojia kwa kuwasiliana wao kwa wao. Ulimwengu unajitahidi kukuza sana teknolojia.

Sayansi, kama inavyoitwa, pia inatafuta uvumbuzi mpya, lakini kwa jumla inapiga hatua za kusitasita ndani ya ukungu, ndani ya maada.

Mfano: Ulimwengu haujavumbua kwa kweli damu ni nini na inaundwa na nini.

Dhamiri ya seli na damu, kutembea kwa damu, viliundwa na mwenendo mbaya wa viumbe vya kale vya kiroho, ambavyo vilisababisha kudhoofika sana kwa sababu mkondo wa nuru ukachukua uzito sana.

Muundo wa mwanadamu unaweza kudhaniwa ulitokana na kuchukua hatua kwa hatua muundo wa maada nzito kwa viumbe vya kiroho vya kale. Tunaweza pia kusema «tendo la kuchukua unene».

Muda wote ambapo watu wataendelea kupigana vita, kuua na kuchinja wanyama na kula nyama yao, damu itaendelea kumwagika.

Je, tumewahi kufikiria kwa nini damu huacha kuzunguuka mwilini mtu akiacha kupumua? Tunakubali mambo jinsi yalivyo, bila kujiswali. Kupumua ni tendo la maana sana. Oksijeni na nitrojeni ni muhimu, gesi hizo pia zinazounda hewa ni muhimu kwa kupumua kwetu.

Mwanadamu hatafakari pia kifo cha mwili. Inasemekana kwamba «kila kitu kina mantiki yake; ni kawaida kwamba mwili uzeeke na kutoweka wakati umekufa».

Bila shaka, mwili huanza kuoza na kisha haraka sana hutoa harufu mbaya – Je, yote ni kawaida?

Kwa nini mambo hutendeka kwa hali tofauti katika mazingira?

Mti huanguka, kichaka na maua hukauka, mazingira hutoa katika msimu wa vuli mazao yake ya kila mwaka. Katika mazingira, mimea inapokauka au kutoweka, haina uhusiano wowote na kifo, kwa sababu katika msimu wa mvua, mazingira hurejeshea ardhi maisha yake ya machipuko.

Mazingira kwa jumla hayapaswi kuzikwa au kuchomwa kwa moto mara moja kwa sababu mabaki yake yanatoa harufu mbaya.

Kwa mtazamo huu, wanyama ni sawa na wanadamu, wao pia wana damu.

Mambo machache ya kufikiria ni haya:

Damu hubeba vitu vinavyozuia mabadiliko, yaani, mawasiliano ya ulimwenguni pote.

Mara nyingi, wanyama hawakubali wanadamu wawakaribie, kwa sababu ya tabia ya watu kuwanyima wanyama uhuru wao, kuwafanya wateseke kwenye ufugaji wa viwandani, kuwasafirisha kwa hali ya kikatili, kwa sababu ya kuwawinda, kuwaua na kula nyama zao.

Kama ilivyoelezwa tayari, ninayaita mambo yanayounda utu wa kibinadamu: hisi, hisia, mawazo, maneno na matendo. Vitu hivyo vitano ndivyo vinavyoshawishi hisi zetu tano ambazo ni: hisi ya kuona, kusikia, kunusa, kuonja na kugusa.

Na ninavilinganisha na kioo ambamo kila mmoja anaweza kujitezama. Picha iliyo kwenye kioo ni picha yetu, bali siyo picha ya jirani au mtu mwengine.

Ni dhambi zetu zinazozuia mawasiliano na Sheria ya Ulimwenguni pote ya Uzima.

Teknolojia ya kibinadamu inapinga pia Sheria ya milele ya mawasiliano.

Hatimaye tunapinga chochote ambacho hatuwezi kuona na kugusa. Sisi tunajihusisha tu na mambo ya nje. Mwanadamu ni kama kiumbe kilichodhoofika kutokana na anguko.

Kama ilivyofafanuliwa katika funuo nyingi za kimungu, anguko, maada, ni muonzi wa nuru unaofifia, yaani, nguvu nzito, iliyofanyika maada, kwa sababu ya wataalamu wa maanguko waliotaka kitu kingine kuliko Wamilele, ambaye tunamwita Mungu.

Tunapofikiria kwamba, kwa upande mmoja, kila kitu kinategemea nguvu na kuungana katika umoja mkubwa ambao ni Wamilele na kwamba umoja huo unaotoka Kwake, na kwamba kwa upande mwingine, mtandao wa mawasiliano wa wanadamu unategemea tu teknolojia, basi tutahisi ni picha duni gani ya mambo tunayofanya, sisi wanadamu.

Je, kerubi wa hekima ya kimungu alielezaje jambo hili katika ufunuo wake? Kuzorota kwa ubora – katika hali yake ya giza.

Mwanadamu ni misa inayotumia nishati ili kuendelea kuishi.

Vitabu vya ufunuo vingi vinazungumzia kuhusu watu walio na wasio na nafsi.

Yesu wa Nazareti alisema, «*Ufalme wa Mungu umo ndani mwenu*». Asiyemiliki kilicho «ndani mwake», yaani nafsi na kiini chake cha kati, ni kitu kizito tu, yaani binadamu asiye na nafsi.

Mtu aliyejaliwa nafsi anamiliki nafsi, ambayo kiini chake cha kati ni cha asili ya Ufalme wa Mungu na ambacho Kristo wa Mungu alikingia na cheche la nuru ya ukombozi aliyoitoa kwenye urithi Wake wa kimungu.

Kuona kwamba cheche la nuru ambalo wataalamu wa maanguko walipewa kama mkopo lilinyanganywa, maada nzito inaanza kuharibika hatua kwa hatua, kwa sababu Kile kisicho na mwisho kinaundwa na maada nyororo safi na itakayobaki milele.

Kulingana na kanuni zisizobadika, kila kitu kisicho na nafsi kitarudi ardhini ili kubadilishwa jinsi ipaswavyo.

Hebu turudilie mada yetu ya mwanzoni: Mungu ndani mwetu na sisi ndani Mwake.

Je, ni vipi mwanadamu anaweza kujiweka huru kutokana na mwelekeo wake wa fikra unaomfanya kiumbe chenye thamani sana kinachojiruhusu kufanya kila kitu, iwe dhidi ya watu wanaoitwa wa daraja la pili, dhidi ya wanyama au mazingira?

Ni kwa kubadili tu namna yake ya kufikiri na, kabla ya yote, kwa kutofanya sala zake zilizopangiliwa tayari na zinazotolewa kwa «Mungu» anayetoa mashuruti na kuongoza wanadamu kulingana na sheria yake inayolazimisha bila kutoa kitu.

Imani ya kulazimishwa ni kama dawa ya kulevya inayowalazimisha watu kufanya yale ambayo dini inawaamuru.

Baada ya nyakati, imani ya kulazimishwa husababisha umaskini wa kiroho kwa mwanadamu na hatimaye uharibifu wa mazingira na kutumia vibaya na kuharibu uzima wa mazingira na wa wanyama, kwa sababu mwili wa mwanadamu ulioharibika ulihitaji lishe zaidi, na kumpeleka kula nyama ya kaka na dada zake wa Uumbaji, yaani wanyama.

Kwa watu wa zama zijazo, katika Enzi Mpya inatangazwa kwamba mabadiliko ni mawasiliano ya ulimwenguni kote.

Kwa watu wa Enzi Mpya, hii ina maana: Ni wajibu wetu kupata uhuru kwa kujikomboa kutoka kwa udikteta wa sanamu.

Kila mmoja wetu atalazimika kujiswali wakati fulani ikiwa alitekeleza Amri Kumi za Mungu na Mafundisho ya Yesu Kristo Mlimani.

Je, tulichunguza vema mambo inayounda utu wetu, yaani hisi, hisia, mawazo, maneno na matendo yetu ili kuvitathmini, kuvichambua na kuvirekebisha? Na vipi kuhusu aina tano za hisi zetu, yaani hisi ya kuona, ya kusikia, ya kunusa, kuonja na kugusa?

Tunaweza kuendelea kujiswali hivi:

Je, ni malisho gani niliitolea damu yangu na, kupitia damu, mishipa yangu, viungo vyangu na chembe za nafsi yangu nilivilisha nini?

Haya ni mambo machache ya kufikiria: Protini na viini vya kiprotini vya damu vinapangwa na mambo yaliyomo ndani ya vitu vitano vya utu wetu, kupitia mtindo wa mwenendo wetu na kupitia hisi zetu tano.

Mishipa yetu inasajili mwenendo wetu na kutuuma, kupitia mionzi inayofanana nao, kwenye chembe za kiroho za nafsi yetu kwa sababu kila kitu ni nguvu.

Wakati kerubi wa hekima ya kimungu anaposema: «mwanadamu, mwanadamu na tena mwanadamu», anatukumbusha miongoni mwa mambo mengine kiwango cha ugoigoi cha kupindukia ambacho mwanadamu amefikia.

Je, tunataka kuendelea na tafakari yetu na labda kuachia kwenye zoloto? Maneno tunayotumia katika kusema kwetu tunaweza kuyachukua kama «sauti lemavu» ambazo haziruhusu kila mtu kuelewa maana tunayopatia maneno hayo, hata tukitumia teknologia yetu «iliyokubalika tayari», kama wasemavyo.

Na ni vipi kuhusu mawasiliano pasipo maneno? Utafiti unafanywa na watafiti, wanaamini kwamba njia za uwasilishaji wa mawazo zitatusaidia kusonga mbele. Lakini vipi kuhusu mambo yaliyomo ndani ya mawazo? Tunawezaje kuyagundua?

Maswali mengi...

Kwa nini mwili wa mwanadamu ni mzito sana?

Kila siku anahitaji chakula na, akiugua, ni lazima awe na haja ya dawa. Kwa nini?

Tunajizoeza kila kitu; cha muhimu kwetu ni kufahamu kwamba kuna mtu aliye na dhana inayofaa. Tunatoa jibu la haraka na la jumla: ndivyo, mwanadamu hakamiliki. Ni kweli!

Kwa mujibu wa Sheria ya milele ya msingi, mwanadamu si wa kanuni ya msingi ya Uzima, na «kanuni ya hiyo iwe!». Mwanadamu, kama alivyo, chimbuko lake ni wazo la anguko ambalo ni la mtu kutaka kuwa kama Mungu, Wamilele. Hii ndiyo sababu mwanadamu anajiita kiumbe kipitacho vingine vyote katika uumbaji.

Sisi ambao tunaishi katika enzi ya teknolojia mara nyingi tunafungwa katika mazungumzo ya akilini, kwa sababu ni progamu inayotegemea tendo la kutaka kuwa mwenye haki kila wakati.

Kwa kweli, mwanadamu ni kiumbe kinachojaa unafiki, hila na majisifu yenye lengo la kujionyesha kuwa yeye ni mwenye haki. Anaendelea kudumisha hali hizo hadi muda atakapochukizwa na yeye mwenyewe. Basi, hatua kwa hatua, atatambua hali hizo na kuanza kutafuta kuelewa ikiwa yeye ni nani hakika.

Tutaanzia wapi?

Kama tulivyofasiriwa tayari, ni vema kuanzia kwenye vitu vitano vinavyounda utu wa mwanadamu na kujiswali: Je! Ni kitu kipi ninachodhani kuhisi? Je, Hisia zangu ni zipi? Mawazo na maneno yangu ni yapi? Je! ni vitu gani ninatamani kugusa na ninagusa vitu vipi?

Vitu hivyo vitano kwa pamoja vinaunda picha za uwongo, madanganyo yenye kuwa na mambo mengi. Hata hivyo, mambo hayo yanaweza kuchunguzwa tu ikiwa mtu huyo anataka kwa hakika kubadili namna yake ya kufikiri na sio tu kwa hali ya nje.

Ni wajibu wa kila mmoja wetu kubadilika kibinafsi

Tukitazama kwa umakini vitu vitano ambavyo ni hisi zetu, inawezekana pia kwetu kutambua kama tunaishi au la tukijidanganya kuhusu sisi wenyewe. Wakati usawa fulani, maelewano fulani yanachukua nafasi katika namna yetu ya kuishi kwa jumla na katika mazoea ya lishe letu, hayo yanaonyesha utakaso fulani, kutoka maisha ya kimwili hadi maisha ya kiroho.

Tukitambua utakaso huo ndani mwetu, basi tunahisi mwanzo wa mafundisho ya kweli ya kina:

Mungu yu ndani mwangu
nami niko ndani ya Mungu.
Mungu ndiye aliye kila mahali –
kuwepo kila mahali ni Mungu.

Vitu vinavyounda utu wetu ni vidokezo, kwa sababu kila siku ni siku yetu. Kila mmoja wetu anaishi siku yake mwenyewe. Kuona na kusikia mara nyingi kunatutaarifu. Kwa mfano, mtazamo wangu unaelekea wapi? Ninaona nini? Ninahisi nini au kufikiria nini ninapoona kitu hiki au kile? Maswali haya, miongoni mwa mengine, yanaweza kuwa misaada kwa sisi kujitambua. Kujizuiza ni kitu cha muhimu. Ikiwa, kwa mfano, tuko njiani ndani ya gari, ni vema kujaribu kutafuta mahali pazuri pa kupaki kwa mda mfupi ili kukumbuka, ikiwezekana, taarifa ambayo macho au masikio yetu ilitutolea, ili baadaye, katika muda wa utulivu, tuweze kujiswali sisi wenyewe kuhusu mambo hayo. Tukiwa tunatembea kwa miguu njiani au tukiwa haidhuru mahali gani, tuandike yale ambayo macho au masikio yetu yameshuhudia.

Tukiwa na uwezo, tujiulize iwapo mawazo yetu yaliendana na hisia zetu au tulitosheka na ganda la fikra na hisia zetu, na kadhalika...

Ingawaje mawazo yetu yanahusiana na hisia zetu, vyote hivyo ni magamba inayofunika mambo fulani, kwa sababu kila kitu ni nguvu. Kila kitu tunachohisi na kufikiria, vitu kumi vinavyotuunda – vitu vitano vinavyounda utu wetu na pia hisia zetu tano – vyote vina mambo yaliyomo, hata kama pengine tunaamini kwamba tulinena au kupata wazo fulani «bila kufikiri».

Mwili wa kila mwanadamu umeundwa na vitu kumi. Hata tunapozungumzia mwili ambao kila mmoja wetu anauchukua kama kitu dhahiri, hapo pia kila kitu hutegemea mambo mahususi yaliyomo ndani ya mambo kumi hayo. Tukitaka tukubali au la, kila sehemu ya mwili wetu, hadi mwisho wa nyuzi zake, kina vitu vinavyo kiunda.

Wapendwa, mwishowe, kila mmoja wetu, kama mwanadamu, ni kama kitu tunachodhani kukifahamu bila ya kukifahamu hakika, ni kitu kidanganyifu cha kipekee, ni mfumo usio na kifani. Tukiwa na ujuzi huo juu yetu, tunaweza kusema kwamba tunazungumza kuhusu sisi wenyewe, ila wenyewe hatujielewi.

Licha ya yote: *Kabla ya ulimwengu huu kutoweka, siku itakuja ambapo ufalme wa amani duniani utajengwa...*

Hatimaye, suluhisho iko katika mabadiliko ya kila mmoja kwa upekee. Hiyo ndiyo sababu tunakumbushwa mara na mara kwamba ni wajibu wetu wa kujirekebisha.

Tunapofikiri kwamba Mungu wa kweli na wa milele ndiye Wamilele aliye mahali pote, basi tunaweza kuwa na uhakika kwamba Yeye pia yu ndani mwetu, ndani sana ya nafsi yetu. Kwa kumkaribia yule aliye ndani sana ya nafsi yetu, ndani ya kiini kikuu cha nafsi yetu, tungepaswa kubadilika kiasi kwamba, kama watu walio na nafsi, tupate kutambua kwamba Mungu wa kweli na wamilele ni Mungu anayesema.

Ndiyo sababu: Hata tutazame wapi, hata tuende wapi, Mungu, Roho wa uumbaji, Dhamiri ya ulimwenguni kote unaozungumza, yuko kila mahali.

Hata tukitazama anga na kuacha tuihisi ndani mwetu au kwa dhamiri tukitazama mti, kichaka, ua au jiwe, tutahisi haraka sana sauti ya kina ikijidhihirisha ndani mwetu, lakini si vema tujilazimishe kusikia sauti.

Kila kitu kinachotokana na uzima wetu kimerekodiwa na kifaa cha rekodi ya filamu zetu kipo tayari kila siku

Mara tena: Kila siku ni siku yetu. Tungepaswa kuwa waangalifu kwa vitu vitano vinavyounda utu wetu na kujichambua kulingana na ujumbe ambao siku inatutolea. Kwa hivyo ni wajibu wetu kufanya kitu fulani.

Kila kitu kinategemea nguvu. Mawazo na maneno yetu yanayoonekana kuwa si muhimu, maneno isiyo angalifu na matendo yetu yanalinganishwa na kifaa cha kunakili filamu ambamo tunarekodi kila kitu, hata kile kinachotokea «upande wa nyuma».

Katika hali yoyote, ni wajibu wetu, bali si wa jirani yetu, kujihusisha na mambo yote, hata kama tunafikiri kwamba jirani yetu anahusika kwa sehemu fulani.

Hayo yanawezekana, ila lazima tuwajibike kwa upande wetu. Kila kitu kabisa kinachotuhusu, na kinachotokana na mambo inayounda utu wetu, tunayarekodi kwenye kifaa chetu cha kurekodia, hata kwenye vifaa kadhaa. Vifaa vyetu vya kurekodia filamu, ambavyo vinaturekodi kwa namna ya picha na sauti, vinafanya kazi siku baada ya siku – Hivyo ndivyo tulivyo sisi wenyewe – na vinatuonyesha mambo ambayo tunaweza kurekebisha kila siku.

Ikiwa tukitumia vema mchana wetu kwa kurekebisha mambo maovu, tutagundua haraka kwamba tunaanza vema mchana tukiwa wepesi sana, kwa sababu tunajitambua sisi wenyewe sana na hivyo tuna furaha sana katika kuchanganua «kwa bahati» mambo inayotusumbua moyoni mwetu.

Mara tena: mchana inapenda kutuonyesha mambo mengi. Daima ni mfumo wetu sisi wenyewe, ni nakala ya rekodi zetu, ni hali za sheria yetu ya kibinafsi iliyorekodiwa kwa utaratibu kwenye kifaa chetu cha kurekodia.

Siku yetu ingependa kuvutia uangalifu wetu kwenye mambo mengi. Kwa mfano, tunavutiwa na tawi ndogo la nyasi linaloota kati ya mawe mawili. Bila kutambuliwa na watu wengi wanaotembea kwenye njia hiyo ya mawe, tawi hilo linavutia uangalifu wetu – licha ya mawazo yetu ya zamani – linatukumbusha kwamba nalo pia ni sehemu ya Uzima.

Tumejifunza kuchukua muda mfupi wa mapumziko iwapo hali ya hewa na pia mahali tulipo vinaturuhusu kufanya hivyo. Hisi zetu za kuona zimechochea mambo fulani katika dhamiri katika hisia na mawazo yetu.

Tunatambua kwamba kumbukumbu nyingi sana za mambo ya kale, au mawazo mengi au mazungumzo ya zamani yanaingiliana. Tunazizingatia kwa karibu zaidi, lakini mawazo yetu tayari yametupeleka mahali pengine.

Hilo ni tendo la kifaa cha kurekodia, kifaa, kilichorekodi maisha yetu duniani hadi sasa.

Tuwe wakweli, hakika, hatujui sisi ni nani. Lakini, kila kitu kimerekodiwa kwenye vifaa vya kurekodia vinavyolingana. Hii ndiyo sababu ni muhimu kuelewa sisi ni nani hakika kwa lengo la kurudilia utu wetu halisi, kumrudilia

Mungu, Wamiilele, Mmoja wa Ulimwenguni pote anayetenda kazi nafsini mwetu.

Hayo yanahitaji msimamo wa wastani na nidhamu.

Ndugu na dada wapendwa, ni muhimu kujitambua mwenyewe katika rekodi za kifaa chetu cha kurekodia. Tutagundua haraka kuwa kwenye vifaa kadhaa kila wakati tunagundua tabia zile zile, tabia zile zile zenye madhara. Wakati tutakaporekebisha hali nyingi, tutagundua kwamba vingine vifaa vya kurekodia vinafuta navyo pia rekodi zao hatua kwa hatua. Upande mmoja, kwa sababu mara nyingi tunakuta humo mielekeo hiyo hiyo ya mawazo na maneno yenye mambo inayofanana na tunairekebisha, na upande mwingine, kwa sababu tuko wazi kwa rekodi hizo na tunazishughulikia kwa urahisi. Tuko makini sana kwa mambo inayotendeka ndani mwetu, tuko makini kwa mchana wetu, ambayo – tusisitize tena – una mengi ya kututaarifu na kutuonyesha.

Tunajua utu wetu halisi zaidi. Mshauri wetu ni mtaalamu, naye ni mchana wetu.

Tutatambua baada ya muda mfupi kwamba tayari asubuhi, tunaishi siku yetu kwa uangalifu.

Hebu tujipe bahati ya kuhisi kuwa sisi ni nani hakika, kwa kuipa mwelekeo mpya mambo kumi yanayounda utu wetu!

Tutageuka watulivu na hatua kwa hatua tutakuwa na mtazamo tofauti kuhusu sisi wenyewe. Tutajua kuchanganua mambo ambayo tulilazimishwa kufanya hadi sasa na tutachanganua mambo ambayo lazima tufanye leo.

Moja ya hali mbovu hizo za kibinadamu ni kutaka kabisa kusema neno fulani na ikiwezekana kuwa mtu ambaye wote wanamsikiliza.

Hali hiyo inatuletea nini?

Tukijichunguza, tutagundua kwamba tunakosa nguvu na kwamba tunatarajia kitu fulani kutoka kwa jirani yetu.

Tunajifunza: Katika hali kama hizo, tunajaribu Kurudilia hali nzuri. Kujichanganua kunatuwezesha kutambua mambo yanayotendeka ndani mwetu. Tunajibadilisha kwa njia chanya.

Kupitia kujichambua sisi wenyewe, tunahisi kuwa sisi tupo kimya na watulivu. Mabadiliko haya yanahusiana na usafi wa utu wetu.

Kwa namna hiyo, tunajifunza pia kuwa waangalifu zaidi kwa kila kitu. Kujenga juu ya msingi huu kunamaanisha kutokuwa watu wenye kutegemea watu wengine au dini.

Ni wajibu wa kila mmoja wetu kujiswali ni mwenendo upi anaotaka kuwa nao kwa Uzima wa Yule Asiye na mwisho

Mungu, Wamilele, alitupa Amri Kumi kupitia Musa, na Mwanae, Kristo wa Mungu, alituletea Mafundisho ya Mlimani.

Tunapotambua hali zetu mbaya zinazoweza kujiinua kutoka nafsini mwetu au kwenye ufahamu usio wazi wa mambo, tuchunguze basi ikiwa zinaheshimu Amri Kumi za Mungu na Mafundisho ya Mlimani. Hayo yanatuonyesha njia ya kufuata, Mungu ndani mwetu na sisi ndani Mwake.

Mungu Baba-Mama wa mbinguni anawajua wanae wote. Yeye, Mweza yote, alitazama kila mmoja wetu, kila mmoja wa wanae ndani Mwake na akatuumba kwa mfano Wake, viumbe vya mbinguni vya Uzima ambavyo tumeitwa kuwa tena.

Elekezo kwa kila mmoja wetu ni hili: tufikirie mara na mara kuhusu kiumbe kilicho ndani mwetu.

Mungu, Sheria ya Ulimwenguni pote ya Uzima wa milele, anapatikana pia katika kila harakati, ndani ya Kile Kisicho na mwisho.

Mungu Baba-Mama, Muumba wa kile kisicho na mwisho, ni upendo.

Wakati mawazo yetu yanakuwa angavu, wakati tabia yetu yote inakuwa angavu, mara nyingi tunaona ua likitabasamu kando ya njia au mnyama akitutazama kwa kujiamini. Basi tayari tumempokea, Mungu ndani yetu.

Tunaalikwa kila mara kujiswali tena ni mwenendo gani tunaotaka kuwa nao katika siku zijazo, kwetu sisi wenyewe. Maisha yetu hapa duniani yanaweza kuwa tajiri sana ikiwa tutagundua kuwa sisi ni sehemu ya umoja mkuu, bila kukuza ubinafsi wetu na kujaribu kuwa mtu mashuhuri.

Tutumie vema mchana wetu kwa kumkaribia Mungu ndani mwetu, kwa kuwa tumezingirwa na Uzima ulio ndani mwetu kama vile asili na ndani ya kiini cha kati cha nafsi yetu.

Ni wajibu wa kila mmoja wetu kujiswali ni mwenendo gani anaotaka kuwa nao kwa Uzima wa Yule Asiye na mwisho.

Ni kwetu sisi tu kuamua, kwa sababu kila mwanadamu aliyepewa nafsi ni hekalu la Mungu, na nuru ya ulimwenguni kote, upendo wa ulimwenguni pote, imo ndani mwetu, ndani sana ya nafsi yetu. Upendo wa ulimwengu pote ni Muumba wa kila kiumbe. Yeye ni Mungu Baba-Mama ambaye alitutazama na kutuumba kwa mfano Wake, wanae na bintize, viumbe vya kiroho kutoka kwa Roho Wake, Mungu.

Huu ni mwanzo wa Enzi ya Utakaso kwa Enzi Mpya, Mungu ndani mwetu na sisi ndani ya Mungu.

Tunaweza kuthibitisha haya katika fikra, tunaposema wenyewe kwa kawaida: Mimi ni ndani ya Mungu na Mungu – Uzima wa Baba-Mama – ndani yangu.

Kila mmoja wetu amealikwa!

Je! Naweza kukupa ua la yungiyungi la kiroho njiani unapoelekea kwenye Utakaso?

Ni dada yako katika Roho wa upendo,

Gabriele

www.ingramcontent.com/pod-product-compliance
Lightning Source LLC
LaVergne TN
LVHW021943220826
846092LV00010B/1215

* 9 7 8 3 9 6 4 4 6 4 0 3 3 *